Daniel Nakhla

Der Asiatische Garten in Kraichtal-Münzesheim

Über die Vision, Umsetzung und den Erhalt eines einzigartigen Klinikprojektes

Titel	Der Asiatische Garten in Kraichtal-Münzesheim
Untertitel	Über die Vision, Umsetzung und den Erhalt eines einzigartigen Klinikprojektes
Herstellung	verlag regionalkultur (vr)
Fotograf	Daniel Nakhla S. 18–35 mit freundlicher Genehmigung von: Klaus Paetsch (S. 22, 26, 29) und Rita Schwarz (S. 18, 23–28, 30–35) Luftbildaufnahmen (S. 19–22): Schwabenflugbild Portraitfoto Nakhla (S. 156): Alexandra Dusin Portraitfoto Csiky (S. 157): Simone Staron
Texte	Daniel Nakhla, Margrit Csiky
Satz	Charmaine Wagenblaß (vr)
Umschlag	Charmaine Wagenblaß (vr)
Endkorrektur	Anja Heim (vr)

ISBN 978-3-95505-415-1

Die Deutsche Nationalbibliothek verzeichnet diese Publikation in der Deutschen Nationalbibliografie; detaillierte bibliografische Daten sind im Internet über dnb.dnb.de abrufbar.

Dieses Buch ist auf alterungsbeständigem und säurefreiem Papier (TCF nach ISO 9706) gedruckt entsprechend den Frankfurter Forderungen.

verlag regionalkultur
Ubstadt-Weiher • Heidelberg • Speyer • Stuttgart • Basel

Verlag Regionalkultur GmbH & Co. KG
Bahnhofstraße 2 • 76698 Ubstadt-Weiher • Telefon 07251 36703-0 • Fax 07251 36703-29
E-Mail kontakt@verlag-regionalkultur.de • Internet www.verlag-regionalkultur.de

INHALTSVERZEICHNIS

GELEITWORT

In Münzesheim-Ost erschließt sich eine kleine Parklandschaft, der Asiatische Garten. Dieser Garten bietet nicht nur eine angenehme Umgebung für die Patienten des Therapiezentrums, sondern lässt auch die Besucher*innen staunen. In der Klinik der Heidelberger Stadtmission werden Abhängigkeiten von Alkohol, Drogen und pathologischem Glücksspiel sowie in einer eigenen Abteilung psychosomatische Erkrankungen behandelt.

In den letzten Jahren wurde der Garten immer weiter ausgebaut und fachkundig gepflegt. So entstand in langjähriger Arbeit einer der eindrucksvollsten asiatischen Gärten Europas, auf 5000m² Fläche. Neben vielen originalgetreuen Details wurde versucht, die Formensprache der Gartenbaukunst in Japan und China in die Pflanzenwelt unserer Klimazone zu übersetzen. Auf einer Insel im See findet sich ein Teehaus. Sämtliche Bauwerke und Kunstgegenstände wurden und werden, als Therapie, von Patienten der Klinik nach alten Vorbildern hergestellt.

Der Asiatische Garten steht allen Patienten jederzeit als Rückzugsort und „Oase der Stille“ zur Verfügung. Insbesondere am Wochenende wird er auch gerne von der Bevölkerung der umliegenden Ortschaften aufgesucht. Dadurch ist die Klinik in der näheren und weiteren Umgebung bekannt und von der Bevölkerung anerkannt. Auch der benachbarte Kleintierzoo ist einen Besuch wert.

Die Stadt Kraichtal freut sich, ein solches Kleinod auf ihrer Gemarkung zu haben.

Tobias Borho
Bürgermeister Stadt Kraichtal

Der Asiatische Garten von oben im Winter und im Frühling.

VORWORT

Für die allermeisten der aktuell tätigen Mitarbeiterinnen und Mitarbeiter des Therapiezentrums Münzesheim war der klinikeigene Asiatische Garten „einfach schon da“. Ein schönes Erbe, aber auch eins, das viel Arbeit macht. „Die Mühen der Gebirge liegen hinter uns – vor uns liegen die Mühen der Ebenen“, schrieb Bertolt Brecht 1949 und dieses Zitat kann auch gut auf den Asiatischen Garten übertragen werden. Während die Mühen des Aufbaus hinter uns liegen, liegen die Mühen des Erhalts des Gartens vor uns bzw. beschäftigen viele von uns im Arbeitsalltag.

Die Selbstverständlichkeit, dass der Asiatische Garten immer da und geöffnet war, für alle, die sich daran erfreuen wollten, geriet durch die Covid-Epidemie ins Wanken. Erstmalig seit seiner Erbauung wurde der Garten zwischen 2020 und April 2022 für die Öffentlichkeit geschlossen, was viele Besucher*innen kaum glauben konnten. Auf einmal wurde der Garten schmerzlich vermisst. Am Zaun stehend erzählten mir vergeblich gekommene Besucher*innen manchmal ihre Verbindung zum Garten und alle hofften, dieser möge bald wiedereröffnet werden.

Umso größer war dann auch das Interesse, als kurz vor Ostern 2022 die Absperrzäune abgebaut wurden und der Garten damit wieder der Öffentlichkeit zur Verfügung stand. Auch die Presse kündigte sich an, davon berichten zu wollen, unter anderem Margrit Csyki, die sich in besonderer Weise vom Garten bezaubern und begeistern ließ und durch ihre Fragen auch mich dazu anregte, weiter über ihn nachzudenken.

Wie entstand der Garten eigentlich? Wen kann man dazu noch befragen, gibt es noch altes Archiv-Material? Was am Garten ist eigentlich asiatisch und gibt es bei den sorgfältig gestalteten Bauwerken auch versteckte Symboliken und Bedeutungen, die heute kaum mehr bekannt sind? Von einem einfachen Interview ausgehend entstand bei uns beiden die Freude, diesen Fragen nachzugehen, was letztlich in das Buchprojekt Asiatischer Garten mündete, bei dem ich auch eine weitere Leidenschaft von mir einbringen konnte, die der Fotografie.

Eine intensive Beschäftigung mit dem Thema war die Folge, zahlreiche Gänge durch den Garten, alleine oder in Begleitung von Zeitzeugen des Aufbaus, jeweils mit offenen Augen, Ohren und der Freude, jedes Mal wieder etwas Neues darin zu entdecken.

Ich danke an dieser Stelle ganz herzlich all denjenigen, die am Gelingen des Projekts teilhatten, durch Fragen, Erzählungen, durch die Vermittlung von Kontakten, Bereitstellung von historischem Material, das Korrekturlesen von Texten und die Unterstützung bei der Bildbearbeitung und nicht zu vergessen auch durch Spenden, ohne die dieses Projekt nicht hätte realisiert werden können. Durch die Spenden kann der Erlös der Buchverkäufe fast vollständig wieder in den Garten fließen und dessen Erhalt fördern – so schließt sich der Kreis.

Pfingstrosen vor Steinlaterne.

Pagodeninsel.

EINLEITUNG

Vor 40 Jahren war der Umgang mit anderen Kulturen aus heutiger Sicht unbefangener und in gewissem Sinne auch naiver. Heutzutage bestehen viele Ethnien auf eine differenziertere und sensiblere Benennung ihrer Kultur (Inuit statt Eskimos) und die Provenienzforschung z. B. in Museen prüft, ob Exponate möglicherweise unrechtmäßig in deren Besitz gelangt sind. Die reine Freude der Besucher*innen an einem Ausstellungsstück ist nicht mehr allein maßgebend, auch die Historie und der kulturelle Kontext, aus dem ein Stück stammt, wird beleuchtet.

Auch der Reisende selbst muss sich mitunter kritischen Nachfragen stellen. Ehemals für seine Weltgewandtheit bewundert, wird heute auch auf die Folgen des Reisens geschaut und der dabei unter anderem produzierte CO2-Ausstoß bildete die Grundlage für den 2020 in den Duden aufgenommenen Begriff der „Flugscham". Selbst die Imitation von anderen Kulturen geriet in letzter Zeit in die Kritik. Der Vorwurf: bei sogenannter „kultureller Aneignung" würden die übernommenen Bestandteile kultureller Identität zur Ware gemacht und damit trivialisiert. Zudem würden die angeeigneten Kulturelemente oftmals falsch oder verzerrt reproduziert, was zur Förderung von Stereotypen führen könne"[1]. So gerieten unter anderem Klassiker der Kinderverkleidung wie „Cowboy und Indianer" in manchen Kreisen in Verruf.

Doch derlei Debatten produzierten wiederum auch selbst Kritik. So wird der heutigen Gesellschaft gelegentlich eine „Hypersensibilität" attestiert und Begriffe wie „woke" im Sinne einer engagiert gegen Diskriminierung vorgehenden Geisteshaltung werden zunehmend negativer oder ironisiert gebraucht, bzw. verallgemeinernd eine „Cancel-Culture" angeprangert, bei der die Meinungs- und Redefreiheit als bedroht wahrgenommen wird.

Eine andere Debatte ist deutlich älter und beschäftigt sich mit der Frage der Authentizität und Originalität von Gegenständen. In diesem Zusammenhang entstand auch der Vorwurf des Kitsches und der Kommerzialisierung. Unzählige Buddha-Statuen finden sich mittlerweile in Baumärkten und Möbelhäusern und haben, so scheint es, den Gartenzwerg in deutschen Vorgärten abgelöst. Die Profanisierung insbesondere religiöser Darstellungen ist dabei auch Spiegelbild einer zunehmend geringer religiös geprägten Gesellschaft, die neue Bedeutungszusammenhänge erschafft. So steht das Buddha-Bildnis heute eher für das Ideal und der Sehnsucht nach Gelassenheit und des In-sich-Ruhens in einem zunehmend hektischer werdenden Alltag.

Was bedeuten diese Überlegungen für den Asiatischen Garten? Die dort zu findenden asiatisch anmutenden Gegenstände und Bauwerke sind streng genommen in der Mehrzahl „nicht echt", im Sinne ihrer Herkunft aus Asien. Im Gegensatz zum Baumarkt-Buddha sind die im Garten zu findenden Objekte aber nicht einfach nur asiatisch inspirierte, dekorative Massenware. Sie sind in mühevoller Handarbeit hergestellte Unikate. Die Auswahl der Gebäude, Objekte, Steine und Pflanzen fand ebenfalls nicht willkürlich statt, sondern fußte besonders in der Anfangszeit noch auf dem Bemühen, viele klassische Elemente des Japanischen Gartens möglichst detailgetreu mit einzubeziehen. Inwie-

1 Quelle: https://de.wikipedia.org/wiki/Kulturelle_Aneignung

weit den Erbauern des Asiatischen Gartens auch die spirituellen Hintergründe der asiatischen Gartenkunst bekannt waren, lässt sich nicht mehr rekonstruieren. Zwischen Intention und Rezeption von Kunstwerken klaffte jedoch schon immer eine Lücke. Selbst in den streng nach japanischen oder chinesischen Kriterien gestalteten Gärten ist deren verschlüsselt dargestellte zugrundeliegende Weltanschauung (z. B. des Shintoismus) meist nur noch Eingeweihten bekannt. Auch eine möglichst am Ursprung orientierte und akribisch durchgeführte Tee-Zeremonie ist für deren Besucher*innen oft nur ein Event unter vielen, dessen Erfassung meist weniger kognitiv oder intuitiv-kontemplativ geschieht, sondern pragmatisch-visuell per Handybild.

Die fernöstlich religiösen Praktiken zeichnen sich eher durch die Betonung des Prozesses als des Ergebnisses aus, was uns heute ungewohnt erscheint. Nicht die allseits geforderte Effizienz steht im Vordergrund, sondern das achtsame Tun, das auf Entschleunigung basiert. So brauchte das Brennen der zahlreichen Ziegel für das Pagodendach sehr viel Zeit und Anstrengung, was durch die Verwendung von industriell gefertigten Ziegeln hätte umgangen werden können. Geduldig und beharrlich an einem Prozess dranzubleiben hatte dabei Modellcharakter auch für den Umgang mit sich selbst und der Sucht. Diese hinter der attraktiven Oberfläche der hergestellten Produkte verborgenen Prozesse waren den damals beteiligten Patienten dabei unmittelbarer zugänglich als den heutigen Besucher*innen des Asiatischen Gartens.

Das vorliegende Buch, wie auch der Garten selbst, lässt es seinen Betrachter*innen offen, worauf sie ihr Augenmerk richten. Die im Buch versammelten Fotografien sprechen das Auge an, die Texte vermitteln zusätzliche Hintergründe, historische, therapeutische und auch kulturelle. Es gibt keinen richtigen oder falschen Zugang zum Asiatischen Garten. Der intellektuelle oder sprachvermittelte Zugang ist nicht bedeutsamer als der Zugang über die sinnliche Erfahrung und so bietet der Asiatische Garten allen etwas, unabhängig von Alter, Geschlecht, Herkunft oder Bildungshorizont.

Mich selbst hat das Buchprojekt Geduld gelehrt. Um einzelne Details im Garten in „ansprechendem" Licht zu fotografieren, brauchte es viel Zeit, wobei ich den Vorteil durch meine Arbeit hatte, immer in der Nähe zu sein und den Garten täglich sehen zu können. Dabei lernte ich auch genauer hinzuschauen und die Veränderungen im Garten durch die Jahreszeiten hinweg bewusster wahrzunehmen. Am deutlichsten zeigte sich dies natürlich am Blühen und Verblühen der dortigen Pflanzen. Die botanischen Feinheiten der einzelnen Bäume, Sträucher und Blumen eingehender darzustellen wäre nochmal ein ganz eigener Schwerpunkt, der den Rahmen dieses Buches sprengen würde. Ein historischer Begleitprospekt des Gartens von 1991 nummerierte und listete akribisch 340 verschiedene Pflanzen- und Baumarten auf. Eine aktuelle Durchsicht zeigte jedoch, dass in den letzten dreißig Jahren viele Pflanzen nicht mehr bestehen konnten und andere dafür hinzugekommen sind. Ein Garten ist allerdings kein Museum, sondern ein auf mehreren Ebenen lebendiger Ort des Austauschs. In diesem Sinne kommen hoffentlich noch viele Menschen und Generationen in den Genuss des einzigartigen „Asiatischen Gartens der heiteren Stille".

Am ehemaligen Lotusteich.

ZUR PLANUNG UND ENTSTEHUNG DES ASIATISCHEN GARTENS

Die Idee und Initiative zu dem Garten stammte vom ersten Chefarzt der Klinik, Dr. Jürgen Schwarz. Von seinen ausgedehnten Reisen in der ganzen Welt brachte er eine Vielzahl von Anregungen mit, die ab 1985 konkret in das Projekt „Japanischer Garten" einflossen. Rückblickend kann man sich nur schwer vorstellen, dass die Fläche bis dahin einer Wildnis mit Weiß- und Schwarzdorn glich, flach, ohne das zentrale Element des Sees und ursprünglich als Helikopterlandeplatz vorgesehen. In diesem brachliegenden Stück Land einen Japanischen Garten zu sehen, kann wahrlich als visionär bezeichnet werden. Rita Schwarz, die Ehefrau des Chefarztes und selbst Mitarbeiterin im Therapiezentrum war, erinnert sich, dass sie es für kaum möglich gehalten hatte, dass aus seinen schon recht detaillierten frühen Skizzen ein wirklicher Garten noch dazu in diesen Dimensionen entstehen würde. Sie beschreibt die große Liebe ihres mittlerweile verstorbenen Mannes zu allem Schönen, Exotischen und Außergewöhnlichen und seinen beharrlichen und unbedingten Willen in der Umsetzung. Dabei schonte er sich selbst am wenigsten und packte, wann immer es die Zeit zuließ, auch selbst mit an. Sein Credo habe gelautet: es gibt nur „Aufgaben, keine Probleme". Im klinikinternen Jahresbericht 1985 heißt es dazu von ihm selbst: „Viele therapeutische Bereiche des Hauses erhielten positive Impulse durch den gemeinschaftlichen Bau des Japanischen Gartens. Von den meisten Patienten wurde dabei das körperliche Training bei den Erdarbeiten als kräftigend anerkannt. Außerdem mussten sie bei den verschiedenen baulichen Maßnahmen alle ihre fachlichen Kenntnisse mobilisieren". Mussten die Patienten und Mitarbeiter*innen anfangs noch von solch einem exotischen Projekt, gerade auch im ländlichen Raum, überzeugt werden, wurde es mit der Zeit ein Selbstläufer und viele arbeiteten mit großem Engagement zum Teil auch in der Freizeit daran weiter. Während im Verlauf des Baus die Arbeiten zunehmend künstlerisch anspruchsvoller wurden, waren am Anfang große Mühen notwendig, das Gelände umzugestalten. Der mittels eines Baggers bewerkstelligte Erdaushub wurde benutzt, um die Hänge aufzuschütten. Aus dem geschickt per Ringleitung durch das Klinikgelände verlegte Quellwasser entstand der Wasserfall und der heutige See. Mehrfach wurden hundert Tonnen Steine herbeigebracht, um das Gelände abzustützen und zu formen. In der Schlosserei wurden Geländer geschmiedet, in der Schreinerei Brücken, Tore und das Dach der Pagode gefertigt, die Haustechnik verlegte Wasser- und Stromleitungen. Natürlich brauchte es danach auch unzählige Pflanzen und Bäume. Hier halfen gute Kontakte des damaligen Gärtnermeisters Klaus Paetsch zu Baumschulen und Gärtnereien. Die Aufzucht von kleinen Setzlingen und Pflanzen – allein für die Erstbepflanzung waren 65.000 Stück notwendig – brauchte jedoch viel Umsicht und Geduld. Generell kann gesagt werden, das ursprünglich von Dr. Schwarz ersonnene Projekt nahm rasant an Fahrt auf und mobilisierte ungeheure Kräfte und Kreativität bei allen Beteiligten. Berufliche und private Kontakte wurden genutzt, um das Großprojekt voranzubringen. So war z. B. der Bruder des damaligen Verwaltungsleiters Rudi Riedel Steinmetz und konnte sagen, wo passende Steine (Kalksandsteine) zu finden waren, die dann aus einem Steinbruch bei Neresheim per LKW von der Schwäbischen Alb herbeigeschafft wurden. Aber auch beim Bau des Rollenbergtunnels fiel Material an, das Eingang in den Garten fand. Die umsichtige und kluge Verwendung von Materialien führte dazu, dass die Kosten des Gartens sich auch dank zahlreicher Spenden im Rahmen des Machbaren bewegten und natürlich auch, weil die Arbeitskraft und das Knowhow von Patienten genutzt werden konnten im Rahmen der sogenannten „Arbeitstherapie", die bis heute Teil des Therapiekonzeptes ist. Ehemalige Patienten zu den damaligen Arbeiten befragt wirken stolz, an dem Projekt mitgewirkt zu haben, was sich auch daran zeigt, dass einige Patienten ihre

Namen im Garten verewigt haben. Arbeitstherapeut und Gärtnermeister Hr. Paetsch erinnert sich aber auch noch an andere Gefühle, welche die Patienten angesichts einer so großen Herausforderung beschlichen. So entstand das Wortspiel „Ja – panisch!" im Sinne einer gewissen Ängstlichkeit angesichts der großen Aufgabe. „Viel Arbeit ist es gewesen", so Paetsch, „aber auch schön!" Über 15 Jahre lang wurde der Garten zu seiner heutigen Form mühselig und detailliert gestaltet, seitdem gilt die Mühe vor allem dem Erhalt des Gartens. Obwohl frühere Patienten häufiger als heute über eine solide handwerkliche Berufsausbildung verfügten und auch die Arbeitstherapeuten Meister ihres Fachs waren, hielt der Garten doch eine Vielzahl von Herausforderungen bereit. Bauwerke dieser Art und Weise waren für alle Beteiligten Neuland und rückblickend stand die Nachhaltigkeit gelegentlich hinter dem unmittelbaren Enthusiasmus an. So mussten im Nachhinein häufig die Fundamente neu und solider gearbeitet werden als in der ursprünglichen Form. Auch viele Tonarbeiten mussten über die Jahre hinweg repariert und ersetzt werden, da sie insbesondere der Witterung im Winter nicht standhielten. Hiermit war unter anderem die Gestaltungstherapeutin Frau Eva Sitz viele Jahre lang beschäftigt, später übernahm diese Arbeit Hr. Matthias Kück, der gleichzeitig ein ausgebildeter Keramikmeister ist.

1989 fand sich in den Erwähnungen dann erstmalig der bis heute gebräuchliche Name „Asiatischer Garten", ergänzt um den Zusatz „der heiteren Stille". Ursprünglich fanden bei der Planung zahlreiche klassische japanische Gartenbauelemente Eingang. Schon früh wurde in die Planung und Umsetzung auch die Gartenbauexpertin Marianne Beuchert aus Frankfurt a.M. mit einbezogen, die sich intensiv mit Chinesischen Gärten beschäftigte, darüber ein eigenes Buch geschrieben hat[1] und einen solchen auch in Frankfurt aufbaute. Als deutlich wurde, dass immer mehr asiatische Elemente in den Garten Eingang fanden und auch die Bepflanzung von den klassischen Japanischen Gärten abwich, wurde die Namensgebung konsequenterweise angepasst. Strenggenommen ist aber auch dieser Begriff nicht allumfassend, da sich zahlreiche andere Einflüsse ebenfalls im Garten widerspiegeln und somit auch die Geschichte und Vorlieben seiner Erbauer. Neben dem Nachbau asiatischer Motive und Bauwerke (häufig anhand von Fotografien, die Dr. Schwarz von seinen Reisen mitbrachte) finden sich auch originäre Kunstwerke im und um den Asiatischen Garten: die Flaschenkuppel, die Spinnengrotte, die froschförmige Toilettenanlage, die drei Stelen (Gegenwart, Zukunft und Paradies symbolisierend) am Eingang vor dem Mondtor. Diese Kunstwerke und zahllosen Details wurden in geduldiger, kreativer und liebevoller Handarbeit vom damaligen Beschäftigungstherapeuten Willi Kohl geplant und hergestellt, teilweise auch mit Hilfe seiner Kollegin Stephanie Schwarz, der Tochter des Gartengründers, sowie zahlreichen von ihm angeleiteten Patienten. Auch Teile der privaten Steinsammlung des Klinikleiters Dr. Schwarz fanden Eingang in Nischen im Wandelgang. Dabei scheute er keine Mühen, beispielsweise Hans Koschnick, den damaligen EU-Administrator von Mostar in Bosnien und Herzegowina anzuschreiben und um ein „faustgroßes Stück" aus der zerstörten Brücke in Mostar zu bitten als Sinnbild für Zerstörung und menschliche Destruktivität. So finden sich verschiedene historische, zeitgeschichtliche Zeugnisse und auch ein beeindruckend schwerer Meteorit.

Bei allen Befragten wurde eine besondere Beziehung und Verbundenheit zum Asiatischen Garten deutlich, die auch fast vierzig Jahre später nichts von ihrer Kraft verloren haben. Teil eines solchen Projekts gewesen zu sein, insbesondere in der Entstehungszeit, erfüllt alle mit großem Stolz – zu Recht meine ich.

1 Marianne Beuchert: Die Gärten Chinas (1983), München: Verlag Eugen Diederichs

Chefarzt Dr. Schwarz mit der Vision eines Japanischen Gartens, die er in einer frühen Skizze festgehalten hat und welche schon recht detailliert den späteren Garten beschreibt.

Luftbildaufnahme von 1980 als der spätere Garten noch eine verwilderte Wiese ohne See war.

Zwei Luftbilder, das erste zu Baubeginn des Asiatischen Gartens, das zweite Bild zeigt den Garten mit dem später hinzugekommenen Wandelgang.

Für die groben Aushubarbeiten wurde ein Bagger gemietet, später war viel Muskelkraft notwendig, um den Garten anzulegen und zu bepflanzen.

Bau der Pagode nach einem zuvor gefertigten Modell aus Holz.

Schmetterlingspagode mit Wasserfall,
dessen Steinfundament später begrünt wurde.

Nicht immer in allem einer Meinung, aber immer in engem Austausch: Gärtnermeister Hr. Paetsch und Chefarzt Dr. Schwarz.

Die ersten Jahre können in doppeltem Sinne als Blütezeit des Asiatischen Gartens bezeichnet werden, tausende von Tulpen schmückten den noch jungen Garten.

Blütenpracht.

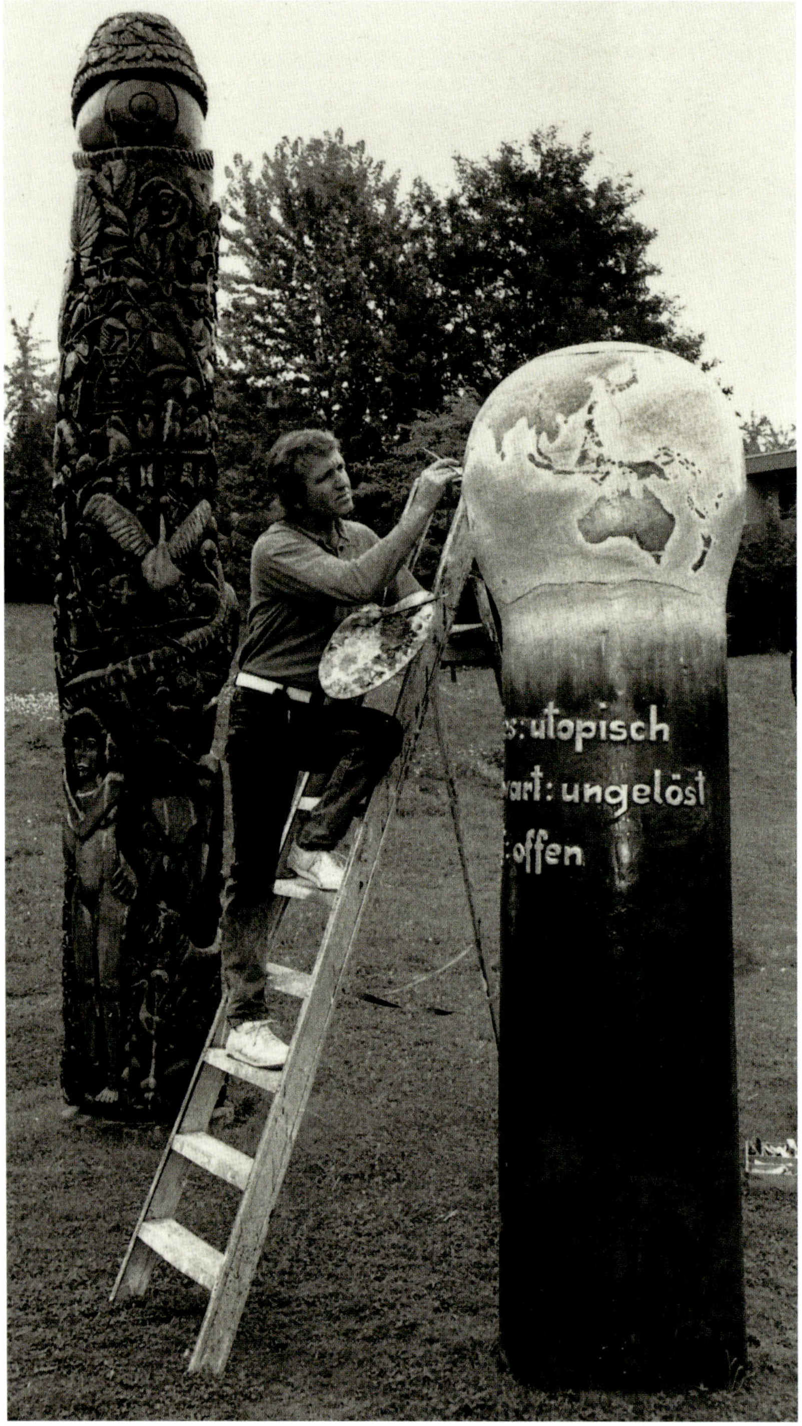
utopisch
ungelöst
offen

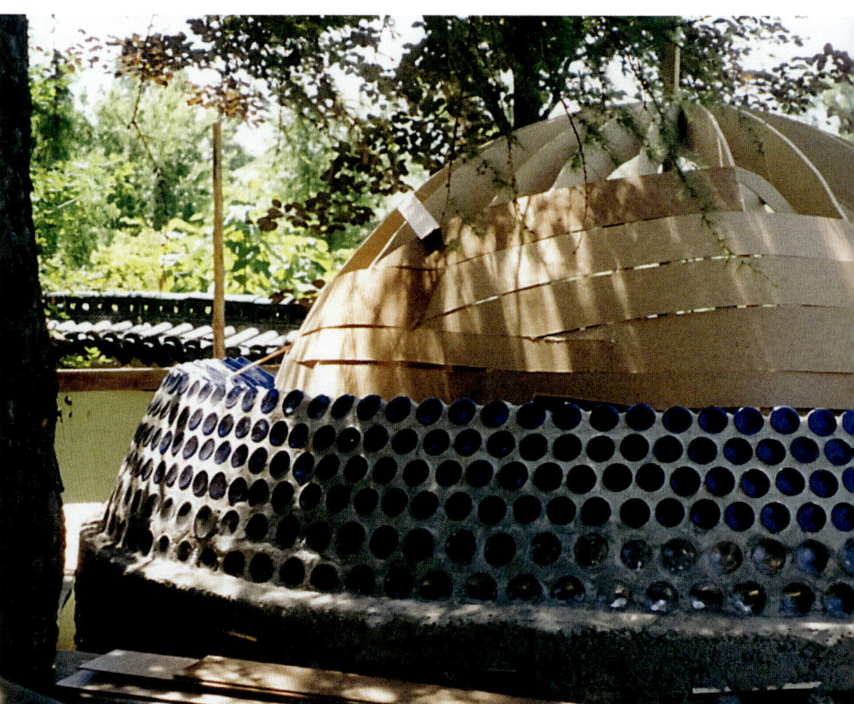

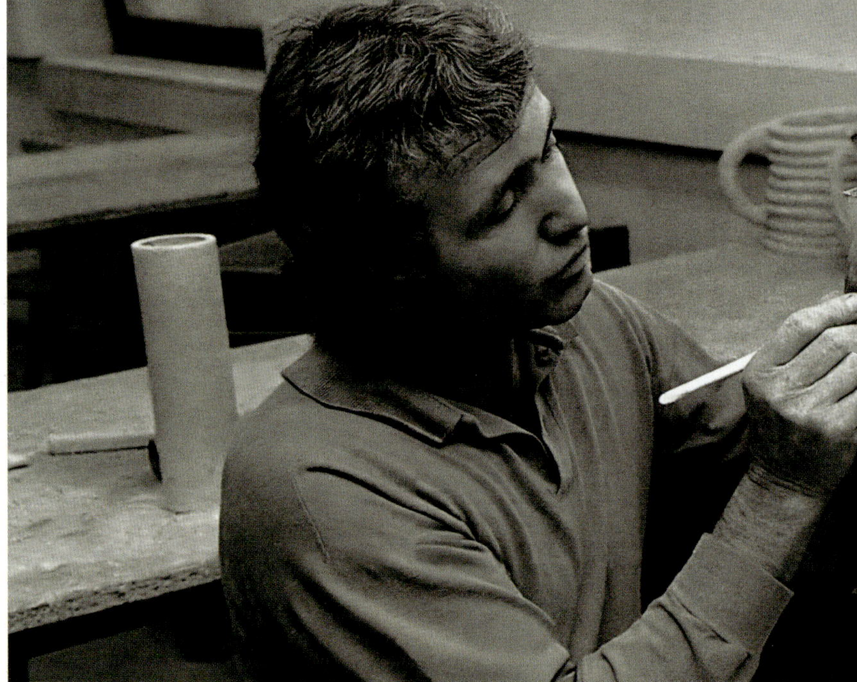

Außerordentlich kreativ und gleichzeitig handwerklich ausgesprochen versiert in der Umsetzung der Ideen und Vorlagen von Dr. Schwarz: Der langjährige Beschäftigungstherapeut Willi Kohl. Beim Erstellen und Bemalen der Stelen vor dem Asiatischen Garten und beim Bau der häufig bestaunten Flaschenkuppel.

Zahlreiche Helfer waren für den Aufbau des Gartens notwendig.

Die damals tätigen Arbeitstherapeuten von links nach rechts: Hr. Kaiser und Hr. Bauer (Haustechnischer Dienst), Hr. Paetsch (Gärtnermeister), Hr. Schwedes (Schreinermeister), Hr. Harrer (Mechanikermeister).

Immer mit dabei: der Chefarzt Dr. Schwarz beim Mauern des Durchbruchs zum ehemaligen Lotusteich gemeinsam mit Patienten.

Chefarzttätigkeit und Gartenarbeit gingen oft ohne Unterbrechung ineinander über. Patient beim Einsetzen des Bodenbelags im Wandelgang.

DER ASIATISCHE GARTEN ALS TEIL DES THERAPIEZENTRUMS MÜNZESHEIM

Der Asiatische Garten als solcher lässt sich auch ohne Hintergrundwissen genießen und bestaunen. Dabei übersehen viele Besucher*innen seinen vielfältigen therapeutischen Nutzen, ohne den es den Garten in dieser Form nie gegeben hätte und ohne den es den Garten auch heute nicht mehr geben würde.

Das Therapiezentrum Münzesheim, eine 1974 in Betrieb gegangene Klinik zur Behandlung suchtkranker Männer, hat neben der Behandlung von Suchterkrankungen aller Art (stoffliche wie nicht stoffgebundene Süchte) als medizinische Rehabilitationseinrichtung auch die möglichst dauerhafte Erhaltung der Erwerbsfähigkeit bzw. Wiedereingliederung in Arbeit und Gesellschaft zum Ziel. Ein Mittel dazu ist die sogenannte Arbeitstherapie, in der Patienten unter Anleitung eines vom ursprünglichen Handwerksberuf weitergebildeten Arbeitstherapeuten in klinikinterne Arbeitsprozesse eingebunden sind. Neben der Vermittlung handwerklicher Fähigkeiten steht den Arbeitstherapeuten auch ein Beobachtungsfeld zur Verfügung, in dem alltagspraktisch deutlich wird, wo Stärken und Schwächen des jeweiligen Patienten im Arbeitsprozess liegen. Hierzu stehen eine vollausgestattete Schlosserei und Schreinerei zur Verfügung sowie ein Haustechnik-Bereich und eine Gärtnerei. Die Arbeitstherapie ist seit Gründung der Klinik Teil des multimodalen Therapieprogrammes, jedoch ist der Umfang im Laufe der Zeit zurückgegangen, was auch mit veränderten Anforderungen der Rentenversicherung zusammenhängt. Zudem wurden die Patienten immer jünger und können heute, im Gegensatz zu damals, häufig nicht mehr auf eine abgeschlossene Ausbildung oder kontinuierliche Arbeitsphasen im Leben verweisen. Dementsprechend müssen mittlerweile oft wesentlich basalere Fähigkeiten wie Pünktlichkeit, Durchhaltevermögen oder Sorgfalt entwickelt und gefördert werden. Der Pflege und dem Erhalt des Asiatischen Gartens, insbesondere durch die Bereiche der Gärtnerei und Gestaltungstherapie, wird bis heute viel Aufmerksamkeit gewidmet, allerdings stehen nicht mehr die gleichen finanziellen Mittel und personellen Ressourcen wie zu Beginn zur Verfügung. Die Patienten können durch die Wahl des Arbeitstherapiebereichs Einfluss nehmen, was die Motivation, darin zu arbeiten, steigert.

Neben der Funktion des Erhalts des Gartens hat die Arbeit auch für die Patienten vielfache positive Effekte. So strukturiert die Arbeitstherapie den Tag und auf das selbst Geschaffene sind die Patienten häufig stolz, was das Selbstwerterleben steigert. Beeinträchtigte die Sucht Produktivität und Kreativität auf Dauer massiv, können diese Aspekte nun wiederbelebt werden und so stellt der Garten fast schon eine Art kompensatorischen Triumph dar, der die Gesundung eindrücklich belegt (die sonst meist innerlich im Verborgenen stattfindet). Dabei wird deutlich, dass eine Suchttherapie nicht einfach passiv „konsumiert“ werden kann. Eine aktive Beteiligung der Betroffenen auf allen Ebenen ist Voraussetzung für eine gelingende Therapie. Dies vermittelt auch die aktivierende Struktur der Therapie, welche die Eigenverantwortung und Aktivität fördern soll. Während sich dem Suchtmittel passiv überlassen wurde und dessen Wirkung ohne größere eigene Anstrengung erfahren werden konnte, braucht es nun oft ungewohnte Anstrengungen, einen Umgang mit Gefühlen zu finden oder Glücksgefühle zu erleben.

Stand in früheren Zeiten stärker die therapeutische Aktivität und Aktivierung im Zentrum der Beschäftigung mit dem Asiatischen Garten, geriet zunehmend auch dessen Gegenpart in den Fokus, die Entspannung und Förderung rezeptiver Prozesse. Sich mit allen Sinnen einzulassen fand Eingang in die achtsamkeitsbasierte Therapie, die sich wunderbar im Garten erleben lässt. Sehen, hören, riechen und ertasten – im Garten finden sich immer wieder neue überraschende Dinge und eine schier endlose Zahl kleiner Details. Neben statischen Objekten und Bauwerken natürlich auch die sich im Laufe des Jahres verändernde Natur oder die sich täglich wandelnde Lichtstimmung im Garten. Dabei geht es um das bewusste und intensive Erleben der Gegenwart und nicht die Betrachtung der oft leidvollen Vergangenheit oder das Grübeln über die ungewisse Zukunft.

Der Garten bietet Raum für unterschiedlichste und gegensätzliche Erlebnisse: Aktivität und Entspannung, die Wahrnehmung äußerer Reize aber auch innerer Prozesse, Rückzugsmöglichkeit aber auch Geselligkeit an der Pagode. Nahm der Garten in früherer Zeit Rücksicht auf das Ruhebedürfnis vieler Patienten, ist die „heitere Stille" heute für viele quälend und schwer auszuhalten. Smartphones verhindern neben vielen Vorzügen oft die Eigenwahrnehmung oder das Sich-selbst-aushalten-Lernen und lenken durch ihre vielfältigen Reize von einem selbst ab. Gleichzeitig kann aber über Fotos auch kommuniziert werden und ein geteiltes Bild des Gartens überrascht sicher viele Bekannte und Angehörige, die bei der Institution einer Klinik eher an Sterilität und Funktionalität denken.

Die Patienten und Mitarbeiter*innen, die am Gartenbau mitwirkten, haben eine ganz besondere Beziehung zur Klinik, sind oft in hohem Maße mit ihr identifiziert. Ehemalige Patienten berichten, dass sie auf der Suche nach Trost oder Sammlung manchmal nach Jahren wieder in den Garten gehen, um „einfach in ihm zu sitzen und Kraft zu tanken". Der Asiatische Garten steht dabei auch für Kontinuität und Verlässlichkeit, während geschätzte Mitarbeiter*innen zum Teil nicht mehr in der Klinik arbeiten. Der Garten ist auch immer wieder Kulisse für die Wiederannäherung zwischen Patienten und Angehörigen, denen durch den Garten „etwas geboten werden kann". Zum Teil wird dabei auch stolz auf den eigenen Beitrag hingewiesen.

In heutiger Zeit vermittelt der Garten im Besonderen die Aspekte des Bewahrens und der notwendigen Pflege. Auch das Thema Vergänglichkeit und des „Kaputtgehens" aber auch der Möglichkeit des Reparierens und Wiederherstellens finden sich dort. So hinterlassen auch Patienten ihre Spuren im Therapiezentrum, wie auch die Therapeut*innen hoffen, ihrerseits Spuren beim Patienten zu hinterlassen.

Die Bedeutung des Asiatischen Gartens geht aber noch über diejenige für Patienten und Mitarbeiter*innen hinaus. Der Asiatische Garten wurde bewusst als halböffentlicher Bereich geplant und sollte auch eine Schnittstelle zur Bevölkerung sein. Im Garten konnten sich ungezwungen Patienten, Angehörige und Besucher*innen begegnen, was der Tabuisierung von Sucht und Suchtkranken entgegenwirkt. Nicht das Suchtmittel, sondern der Mensch steht dabei im Mittelpunkt und Vorurteile über suchtkranke Menschen konnten dabei ebenfalls abgebaut werden. Was vielen erst einmal undenkbar scheint, wird durch den Asiatischen Garten, den Zoo und den Spielplatz gelebt. Gelten psychisch Kranke oder suchtkranke Menschen vielen erst einmal als unheimlich, vielleicht sogar gefährlich, werden nun Kinder mitgebracht und spielen arglos auf dem Klinikgelände. Suchtkranke Menschen nicht zu isolieren, sondern zu integrieren – dafür ist der Garten ein gelungenes Beispiel.

Befestigung der Pagodeninsel, die unter dem massiven Gewicht abzurutschen drohte. Arbeitstherapeuten Hr. Köhler und Hr. Meudt, sowie ehemaliger Chefarzt Dr. Beutel im Taucheranzug mit großem persönlichem Einsatz.

Arbeitstherapeuten (Hr. Köhler vorne im Bild, hinten Hr. Bauser) gemeinsam mit Patienten bei der Arbeit.

Neueindeckung des Dachs der Pagode nach monatelangem Brennen der neuen Dachziegel.

„Teezeremonie“ mit selbst getöpferten Trinkschalen an der Pagode.

VARIOfit

In seltenen Fällen ergibt sich sogar die Möglichkeit, an alte Arbeiten anzuknüpfen. So erinnerte sich ein ehemaliger Patient und gelernter Steinmetz an seine kunstvolle Bearbeitung eines Pflanzenkübels (nachdem der hierfür notwendige Stein eigenhändig ausgesucht und mühsam in die Klinik transportiert worden war) im Rahmen seiner ersten Therapie. Dreißig Jahre später im Rahmen seiner zweiten Therapie bei uns konnte er die Arbeit an diesem Stein fortführen, ihn reinigen und aufbereiten und letztlich an einer neuen, gut sichtbaren Stelle platzieren.

DER ASIATISCHE GARTEN IM LAUFE DER JAHRESZEITEN

WINTER

Mondtor und Torij Tor im über die Jahre zunehmend weniger verschneiten Asiatischen Garten.

Rote Bogenbrücke im Schnee.

Betreten
der Eisfläche
verboten
Fließendes Wasser!

FRÜHLING / SOMMER

Die Magnolie blüht als einer der ersten Bäume. Diejenigen mit schattigem Standort allerdings später.

Der niedrige Torbogen mit Blauregen verlangt vielen Besucher*innen ein Kopfeinziehen ab und damit letztlich auch eine Geste der Demut.

Die schnell vergängliche Kirschblüte wird in Japan mit einem eigenen Fest gewürdigt.

Sternmagnolie.

Der Schmetterlingspavillon. Jeder einzelne Schmetterling wurde von einem Patienten individuell gestaltet.

Details im Schmetterlingspavillon.

Fensterdetails aus dem Wandelgang.

Pfingstrosen vor Aussichtspavillon mit Fischmotiv an der Decke.

Ländliche Motive prägen die Reliefs im Wandelgang.

Trittsteine und Wasserfall.

Nachdenkliches Selbstbildnis eines Patienten.

Der zuletzt dazugekommene Pavillon war wegen seiner Abgeschiedenheit früher gelegentlich auch Ort für Therapiegespräche.

Die beiden Bänke mit den Drachenmotiven waren eines der ersten künstlerischen Projekte im Asiatischen Garten.

Phantasievolle Papierkörbe in Tierform finden sich im ganzen Garten.

Der Garten im Sommer ist von üppigem Wuchs geprägt.

HERBST

ASIATISCHE ELEMENTE UND SYMBOLE

Inwieweit Dr. Schwarz auch über die Hintergründe und Symboliken der asiatischen Elemente Bescheid wusste, lässt sich im Nachhinein nicht mehr eindeutig klären. Aus der Broschüre „Asiatischer Garten – Therapiezentrum Münzesheim“ lässt sich aber entnehmen, woher er seine Inspiration nahm: „Vorbild waren die chinesischen Kaisergärten, die schon vor vielen tausend Jahren zu einer hohen Gartenkultur entwickelt wurden. Solche Gärten sind voller Symbolik. Unser Garten verzichtet weitgehend auf diese dramatische Symbolik“, heißt es in der Broschüre weiter. „Er verbindet die formalen Elemente chinesischer Gartenkunst mit dem unbeschwert heiteren Ausdruck eines europäischen Blumengartens.“[1]

Auch in einem Protokoll, das nach dem Besuch einer chinesischen Delegation (1989) im Garten angefertigt wurde, heißt es: „Auch wenn es nicht unsere Absicht ist, einen chinesischen Garten in allen Einzelheiten zu kopieren und deshalb beispielsweise auf unsere Blumenvielfalt (man denke nur an die herrliche Tulpenblüte) zu verzichten, haben wir die Anregungen doch willkommen aufgenommen. Denn den asiatischen Gesamteindruck, die chinesisch-japanische Prägung möchten wir schon erhalten und befördern.“

Seine Vorbilder für Bauten und Ornamente fand er auf Reisen in der ganzen Welt: China, Taiwan, Korea, Hongkong, Singapur, Japan, Malaysia, Indonesien und Thailand. Beispielsweise findet sich das Original der Kacheln der Terrassenbrüstung im ältesten Hotel der Stadt Kanton in Südchina. Die Tischmotive wurden chinesischen Firmenzeichen nachempfunden. Ein durchbrochenes Fenster in einer Mauer nahe der Stadt Guillin in China diente als Vorbild für die Außenverkleidung des Teehauses.

Darüber hinaus kann es für Besucherinnen und Besucher auch interessant sein, klassisch fernöstliche Elemente im Garten zu identifizieren.[2]

1 „Asiatischer Garten – Therapiezentrum Münzesheim“, Broschüre, die „im Rahmen der Arbeitstherapie von Patienten gefertigt“ wurde, 1991 (leider aktuell nicht mehr neu aufgelegt).

2 s.a. Marianne Beuchert: „Die Gärten Chinas“, München, Verlag Diederichs, 1983 (1. Auflage), 1988 (2. Auflage).

JAPANISCHES TOR

Wenn man sich dem Asiatischen Garten von der Eppinger Straße (L 554) her nähert, bietet sich als erster Zugang das japanische Tor (Torij) an.

Solche zinnoberroten Holztore bilden in Japan den Zugang zu Shinto-Schreinen. Sie markieren den Übergang zwischen der Alltagswelt und den Kultstätten für japanische Gottheiten. Genau wie in Japan besteht auch das Münzesheimer Torij aus zwei vertikalen Säulen, die durch zwei quer liegende Balken verbunden werden. Allerdings bleibt der obere Balken parallel, es fehlen die in Japan üblichen Winkel, die nach oben zeigen.

Die Inschrift ist in chinesischer Sprache verfasst und bedeutet: 花园一欢快之幽静 „Garten eins – Heitere Abgeschiedenheit".

MONDTOR

Wenn man die Straße „Am Mühlberg“ weiter in Richtung Therapiezentrum hoch fährt, kommt man zum zweiten Eingangstor, dem Mondtor. Es trägt die Inschrift: „Garten der heiteren Stille“.

Die Ähnlichkeit zwischen dem Münzesheimer Mondtor und seinem Vorbild, dem Eingang zum Orchideengarten in Kanton/China, ist frappierend. In Deutschland wurde es bekannt, weil es im Jahr 1983 bei der Internationalen Gartenschau in München aufgebaut wurde und weil die Publizistin Marianne Beuchert genau dieses Tor als Bild für die Titelseite ihres Buches „Chinesische Gärten“ gewählt hatte.

Der Name erinnert an die runde Form des Vollmondes, der in Fernost besonders verehrt wird. Der Kreis gilt als Symbol für Perfektion und Harmonie.

TEEHAUS

Das Teehaus, welches in japanischen Gärten die Kulisse für buddhistische Tee-Zeremonien bildet, ist im Asiatischen Garten Münzesheim ein gutes Beispiel dafür, wie die Erbauer der Anlage mit den Originalen umgegangen sind: „Da wir keine speziellen Baupläne hatten, waren wir gezwungen, die jahrtausende alte chinesische Architektur und Statik nachzuerfinden“, heißt es in der Broschüre über den Asiatischen Garten. Zu den chinesischen Dämonen, die die vier Ecken aller Gebäude schützen sollten, heißt es: „Wir haben uns die Freiheit zu einem Ulk genommen: Bei uns sind es gute und böse Geister. Ein liegender Mann symbolisiert die Faulheit, ein Elefant die Stärke, ein ruhender Ochse die Gelassenheit und ein Mann mit einer Flasche statt einem Kopf den Alkoholismus.“ Im Rahmen der Neudeckung des Daches wurden diese Elemente jedoch durch klassische Drachenköpfe ersetzt.

Den meisten Besucher*innen des Asiatischen Gartens bislang verborgen geblieben: ein Einblick ins Innere der als Patienten-Café genutzten Pagode.

AUSSICHTSPAVILLON ÜBER DEM WASSERFALL

Der ehemalige Arbeitstherapeut und Schlosser Peter Harrer holte sich die Anregungen für den Entwurf des Aussichtspavillons von chinesischen Briefmarken. Er hatte es mit seinem Werkstoff Metall leichter, die Ecken des Daches originalgetreu nach oben zeigend nachzubauen als sein Arbeitstherapie- und Schreiner-Kollege Kurt Schwedes beim Teehaus. Beeindruckend echt wirken die Bilder im Inneren des Pavillons, die sorgfältig und detailliert von Patienten gemalt wurden (siehe auch S. 81).

NAGA-SCHLANGE

Der Handlauf bei den Treppen, die zum Aussichtspavillon im Süden des Gartens führen, erinnert an eine Naga-Schlange. Sie ist, anders als in Europa, positiv konnotiert, denn diese mythologische Gestalt gilt vor allem in Thailand als erste Dienerin Buddhas, der oft auf einer zusammengerollten Schlange sitzend dargestellt wird.

CHINESISCHE BOGENBRÜCKE

Das Motiv des Kreises als Symbol für Perfektion und Harmonie findet sich auch im chinesischen Brückenbau wieder. Der rote Halbkreis der Brücke in Münzesheim spiegelt sich im Teich wider und ergibt so einen Kreis, den man am besten von der Terrasse des Teehauses sehen kann.

Typisch ist auch die versteckte Platzierung zwischen den Sträuchern und Bäumen, so dass man sie auf dem Weg zum Teehaus erst entdeckt, wenn man knapp davorsteht.

WANDELGARTEN MIT TRITTSTEINEN ÜBER EINEN WASSERLAUF

Japanische Gärten sind praktisch Miniaturlandschaften, welche die traditionelle japanische Landschaft mit Bergen, Inseln und Wasser nachbilden. Dabei gibt es drei unterschiedliche Gartentypen: Teegärten haben die Aufgabe, rund um das Teehaus eine Atmosphäre der Abgeschiedenheit zu erzeugen. Steingärten bestehen aus geharkten Sandflächen und Steinen und stellen Pflanzen und Wasser nur symbolisch dar. In Münzesheim wurde ein Wandelgarten angelegt, dazu gehören Wasserläufe, die man über Trittsteine oder große Steinplatten überqueren kann, wobei eine gewisse Achtsamkeit notwendig ist, um trockenen Fußes die andere Seite zu erreichen.

STEINLATERNEN

Steinlaternen haben sowohl in chinesischen als auch in japanischen Gärten einen ästhetischen, einen funktionalen und einen spirituellen Aspekt. Anfangs sollten sie nur den Weg zu den Tempeln beleuchten. Im Laufe der Jahre haben sie die Funktion erhalten, Blickfang auf einem Weg zu sein oder besondere Pflanzenarrangements zu betonen. Die natürliche Alterung, Moosbesatz und Flechten gelten als besonders schön.

Aus spiritueller Sicht besteht die Steinlaterne aus fünf Abschnitten, die den fünf Elementen entsprechen: Die Grundplatte entspricht dem Element Erde, der Schaft dem Wasser, das Lampengehäuse dem Feuer, der Schirm steht für das Element Luft und der Knauf oben für die Leere. In Münzesheim betonen die Steinlaternen markante Punkte entlang des Weges oder des Wasserlaufs und im Teich.

Im ganzen Garten finden sich ausgesuchte Steine an markanten Orten. Im Wandelgang hat der Gartengründer Dr. Schwarz auch Steine seiner privaten Steinsammlung in Nischen hinterlassen.

WEITERE SYMBOLE

Neben asiatischen Elementen lassen sich auch weitere Symbole und Einflüsse im Garten entdecken. So finden sich in unmittelbarer Nachbarschaft zu den drachenverzierten Bänken auch christliche Motive auf der blau gefliesten Mauer, die biblische Geschichten darstellen wie „Jonas und der Walfisch“ oder „der Turmbau zu Babel“. Diese Elemente verweisen auf den christlichen Hintergrund der Suchthilfeeinrichtung, deren Träger die Diakonie ist.

Jonas
Jonas

Ein Garten zieht zunächst einmal eine Grenze zwischen Außen- und Innenwelt und schafft dadurch einen Ort der Geborgenheit, der Ordnung und des schöpferischen Gestaltens. In dieser Aufteilung wird die Außenwelt häufig mit eher negativ bewerteten Dingen assoziiert. So finden sich dort das Suchtmobile mit Trinkendem, das inspiriert wurde vom lanzarotischen Künstler César Manrique und die Schlangenskulptur, welche die von ihr umschlungene Person zu erdrücken scheint. Die Schlange hat bereits in der Bibel bei der Paradiesgeschichte eine unrühmliche Rolle als Verführerin zum Sündenfall. Sich nicht länger nur als Opfer der Schlange zu verstehen, sondern auch zu verstehen, wie diese so viel Macht über einen gewinnen konnte und was sie herbeigelockt hat, sind wichtige Fragen innerhalb der Therapie.

Der Paradiesgedanke wird auch noch einmal von den ehemals drei Stelen vor dem Garten aufgegriffen, von denen aktuell nur noch zwei erhalten sind. Sie stellen die Gegenwart, Zukunft und das Paradies dar. Während die Gegenwart bewusst verzerrend die negativen Seiten der Welt darstellt, ist das Paradies im Gegensatz dazu die positive Utopie. Die Zukunft betrifft dagegen nicht nur den Einzelnen, sondern die ganze Welt. Die glatte Oberfläche drückt aus, dass wir die Zukunft nicht kennen.

Dass der Garten aber kein gänzlich idealisiertes Paradies im Sinne des Garten Edens ist, zeigt die vergleichsweise spät hinzugekommene „Spinnengrotte“. Meist im Dunkeln gelegen, verkörpern tönerne Spinnen und Ratten auch unangenehme Gefühle wie Ekel und Furcht, sowie das Aushalten von Ungewissheit bei eingeschränkter Sicht. Damit findet sich im Asiatischen Garten auch ein Aspekt des chinesischen Yin und Yang-Symbols, das schwarz und weiß nie gänzlich voneinander trennt, sondern letztlich beide Aspekte integriert.

Auch die imposante Flaschengrotte hat einen Bezug zur Sucht. Die Flaschen, ursprünglich Gefäß des Suchtmittels Alkohol, bilden nun die Grundlage für einen nahezu sakralen Raum, der dadurch auch auf ein Transformationspotential hinweist. Ähnlich der Lotusblüte (die mittlerweile leider nicht mehr vor dem Garten blüht), deren weiße Reinheit besonders durch den Kontrast zum Schlamm entsteht, aus dem heraus sie sich entwickelt. Dabei ist die Kuppel unter anderem auch eine Ästhetisierung der Sucht, da die Anzahl der Flaschen in der Kuppel angelehnt ist an den durchschnittlichen jährlichen Alkoholverbrauch eines alkoholkranken Menschen.

Der schmale Ein- und Ausgang erinnert an ein Geburtserlebnis und nicht wenige Patienten fühlen sich abstinent und frisch gestärkt nach einer Therapie quasi „wie neugeboren". Alternativ interpretiert führt nur ein schmaler Weg aus der Sucht. Anders als das Suchtmittel ist der Garten jedoch keine Alltagsflucht, sondern ein bewusst aufgesuchter Kraftort, dessen Erhalt Mühe bedeutet und dafür Sammlung statt Betäubung ermöglicht.

DANIEL NAKHLA

Daniel Nakhla, Jahrgang 1978, ist Psychologischer Psychotherapeut (TP) und Therapeutischer Leiter am Therapiezentrum Münzesheim seit 2013. Seine bisherigen Veröffentlichungen umfassen die Themen Frühe Hilfen, Vaterschaft, kulturpsychologische Themen und psychodynamisch basierte Filmbesprechungen. Daneben fotografiert er leidenschaftlich gerne und hat während der Pandemie die Gelegenheit genutzt, den Asiatischen Garten ein Jahr lang fotografisch zu erkunden.

MARGRIT CSIKY

Margrit Csiky, M. A., Jahrgang 1954, war Geschäftsführerin des Festivals „Bruchsaler Barocktage“, leitete die Pressestelle der Stadtverwaltung Bruchsal und war ab 2008 für das Stadtmarketing zuständig. Seit 2019 freischaffend. Sie studierte Germanistik und Anglistik, zweiter Magisterabschluss Kulturmanagement.

MIT FREUNDLICHER UNTERSTÜTZUNG DURCH

REFRATECHNIK

WEITERES AUS DEM verlag regionalkultur

Karl-Heinz Glaser

Kraichtal

Die Geschichte seit 1945

Die Bildung der Stadt Kraichtal am 1. September 1971 hat landesweit für Aufmerksamkeit gesorgt, fanden hier doch gleich neun Gemeinden mit einer Gemarkungsfläche von über 80 Quadratkilometern zusammen. Die anfänglichen Bedenken, die sich nicht zuletzt aus der ganz unterschiedlichen historischen Tradition der Orte ergaben, wichen zunehmend der Anerkennung: Mit erheblichen Landesmitteln konnten dringend notwendige Infrastrukturmaßnahmen realisiert und neue Wohn- und Gewerbegebiete erschlossen werden. Ein Meilenstein war die Eröffnung der Stadtbahnstrecke Karlsruhe – Menzingen zum 25-jährigen Bestehen Kraichtals 1996. Dieses Buch schildert nicht nur den spannenden Prozess des Zusammenfindens und die positive Entwicklung Kraichtals in 50 gemeinsamen Jahren, sondern widmet sich ausführlich der Geschichte von Bahnbrücken, Gochsheim, Landshausen, Menzingen, Münzesheim, Neuenbürg, Oberacker, Oberöwisheim und Unteröwisheim seit dem Kriegsende 1945. Die zeitgenössischen Quellen und Abbildungen lassen erahnen, welch enormer Wandel sich in 75 Jahren in allen Lebensbereichen vollzogen hat.

Kraichtal. Die Geschichte seit 1945, Karl-Heinz Glaser,
Stadt Kraichtal (Hrsg.).
352 S. mit 261 farb. Karten und Abb., fester Einband.
ISBN 978-3-95505-167-9. EUR 24,80.